Ángel de Saavedra. Duque de Rivas

Malek-Adhel

Barcelona **2024**
Linkgua-ediciones.com

Créditos

Título original: Malek-Adhel.

© 2024, Red ediciones S.L.

e-mail: info@linkgua.com

Diseño de cubierta: Michel Mallard.

ISBN rústica: 978-84-9816-063-5.
ISBN ebook: 978-84-9897-534-5.

Sumario

Brevísima presentación

La vida

Duque de Rivas, Ángel Saavedra (Córdoba, 1791-Madrid, 1865). España.

Luchó contra los franceses en la guerra de independencia y más tarde contra el absolutismo de Fernando VII, por lo que tuvo que exiliarse a Malta en 1823. Durante su exilio leyó obras de William Shakespeare, Walter Scott y Lord Byron y se adscribió a la corriente romántica con los poemas El desterrado y El sueño del proscrito (1824), y El faro de Malta (1828).

Regresó a España tras la muerte de Fernando VII heredando títulos y fortuna. Fue, además, embajador en Nápoles y Francia.

Advertencia

Habiendo venido casualmente a mis manos las apreciables obras de madama Cottin, leí con sumo placer en ellas la preciosa novela titulada Matilde, y concebí inmediatamente el proyecto de escribir esta tragedia, aunque no dejaron de arredrarme la maestría con que aquella famosa escritora desempeñó su argumento y las bellezas de toda especie con que lo engalanó su delicadeza y sensible pluma. Consulté mi pensamiento con algunos inteligentes, y, aunque todos procuraron disuadirme, haciéndome patentes las dificultades con que iba a luchar, yo, ya decidido, tracé en grande esta composición, venciendo en cuanto pude los obstáculos que me ofrecía el reducir a cinco actos, a un solo lugar y a doce o catorce horas de tiempo, una acción de una novela de cinco o seis años de duración, complicada con mil incidentes importantísimos, que llena tres tomos abultados. Procuré, sin embargo, escoger los sucesos más interesantes, reunirlos y apresurar notablemente la catástrofe; y, después de trazar, borrar, meditar y escribir, formé al fin con gran desconfianza un prolijo plan de esta tragedia, que manifesté a mis amigos y mereció su agrado. Dediquéme entonces con calor a versificarla, y lo logré en pocos días, pues la mayor parte de sus razonamientos son casi traducción literal de la elegante y sentimental autora de la Matilde, y, siguiendo siempre sus huellas, llegué al cabo de mi tarea.

Por tanto, esta tragedia es más de madama Cottin que mía; suyo es el argumento, suyas las situaciones, suyos los caracteres y suya la mayor parte del diálogo; y míos, solamente el plan dramático, los versos y alguna que otra escena, tal vez las más endebles. Finalmente, si hay bellezas en Malek-Adhel, son de aquella insigne francesa, y todos los defectos, míos.

Espero, sin embargo, que si algún día sale a la escena, la mirarán con indulgencia los que conocen la dificultad de este género de trabajo y los obstáculos que hay que vencer para dar forma trágica a la acción de una novela.

A. DE S.

Personajes

Malek-Adhel, hermano de Saladino
Matilde, princesa de Inglaterra
Guillelmo, arzobispo de Tiro
Lusiñán, rey de Jerusalén
Hugo, príncipe de Tiberíades
Ricardo, rey de Inglaterra
Príncipes cruzados
Damas de Matilde
Escuderos de Lusiñán
Guardias
Pajes

Acto I

(La escena es en Ptolomayda. Los cuatro primeros actos, en un salón del palacio de los reyes cruzados, y el quinto, en la capilla extramuros donde estaba el sepulcro de Montmorency. La acción empieza al amanecer y concluye a medianoche.)

(Matilde, sola.)

Matilde   Ya de Carmelo en la fragosa cumbre
brilla la luz del Sol, y sus reflejos
al ronco mar, imagen espantosa
de mi confuso y agitado seno,
próximo anuncia el tremendo día
que mi Destino va a fijar... ¡Oh cielos!...
¡Matilde desdichada!... ¡Cuál palpita
tu enamorado y afligido pecho!...
Paz deliciosa, cuyas dulces alas
mi edad primera plácidas cubrieron,
¿dónde estás?... ¿Dónde estás, mansión dichosa
de inocencia y virtud? ¡Fatal momento
en que osé abandonar vuestro recinto
sacrosanto y feliz!... Ya el mudo sueño
huye con las tinieblas de la noche;
la decisión se acerca... ¡Dios eterno!
Hoy, ¡para siempre!... en los desiertos mares
este Sol mismo esconderá su fuego
y ya mi suerte, ¡oh confusión!, ¡oh, día!
Malek-Adhel, Malek-Adhel... Guillelmo...
volad en mi favor. ¡Piadoso y santo
arzobispo de Tiro! Sí, tu celo
convertirá a mi amante, y Dios benigno
con la fe santa alumbrará su pecho.
Mas cuánto tarda, ¡cuánto! Hoy el concilio

va a resolver... y acaso... Me estremezco.
No, prelado ejemplar; sin tu presencia
no osará decidir... Sin ti, ¿qué espero?
¿No podrá suspenderse? ¡Ay!, si el buen Hugo
favorecer quisiera mis intentos;
no me abandonará: la amistad pura
le ha unido con Adhel, y es caballero.
¿Y sin rubor podré manifestarle
el criminal amor en que me incendio?
¡Criminal! ¡Ah! ¿Por qué, Dios de venganza,
amo a un infiel, a un impío sarraceno?
Pero tú, que formaste sus virtudes,
sabrás, benigno, perdonar mi yerro.
Tu piedad solo...

Escena II

(Matilde y Hugo.)

Hugo

La condesa Herminia
me dijo, alta princesa, ha corto tiempo
que a este lugar mis pasos dirigiera
a encontrarme con vos. Y ansioso vengo
a vuestras plantas. ¡oh Matilde!,
de escuchar y cumplir vuestros preceptos.

Matilde

¡Hugo ilustre!

Hugo

Señora...

Matilde

En vos tan solo
puede encontrar mi agitación consuelo.
Que no extrañéis el infeliz estado
en que mi corazón se encuentra os ruego.

Sabéis de Saladino las propuestas
que de Jerusalén cede el imperio
al gran Malek-Adhel, su hermano heroico,
con tal que a mí se enlace en himeneo.
¿Sabéis que los obispos y legados
ha ocho luces discuten en secreto
sobre abrazar o rechazar al punto
esta proposición, y ya el Consejo
va a congregarse por la vez postrera,
y hoy debe decidir?... Mas ¿podrá hacerlo
sin escuchar el parecer prudente
del prelado de Tiro, cuyo celo,
profunda ciencia y santidad sublime
tan necesarios son para el acierto?

Hugo

Tal mi dictamen es; tal es, Matilde;
y sin la autoridad del gran Guillelmo,
cualquiera decisión... Mas ¡oh princesa!,
Ricardo y Lusiñán están resueltos...
El concilio tal vez...

Matilde

¡Oh Dios!

Hugo

Señora, ¿Y si la decisión se hubiese puesto
en vuestra mano?...

Matilde

¡Ay Hugo!

Hugo

Alta princesa,
perdonad, perdonad. Estuve un tiempo
al lado de Malek. Cuando los muros
de la santa Sión rotos cayeron ante
el poder del furibundo persa,
y el trono del insigne Godofredo

Saladino ocupó, yo, cautivado
y entre cadenas bárbaras envuelto,
a sus plantas me vi. Su hermano heroico,
el gran Malek-Adhel, cuyo denuedo
humilló los católicos pendones,
movido a compasión, rompió mis hierros.
Y vida y libertad, hijos y esposa,
sus generosas manos me volvieron.
Conozco las virtudes eminentes
que le adornan, Matilde. Si su acero
es rayo destructor, terror y asombro
de las huestes cruzadas; si su esfuerzo
con mengua nos lanzó de Palestina,
su corazón tiernísimo y sincero,
su esplendente heroísmo, su grandeza,
su generosidad, sus altos hechos,
encanto son de amigos y enemigos...
¡Oh Dios piadoso!... ¡Los errores ciegos
de Mahomet infernal virtudes tantas
hundirán para siempre!

Matilde   ¡Justo Cielo!

Hugo   Amo a Malek-Adhel. ¿Y quién, señora,
no lo ha de amar, si llega a conocerlo?

Matilde   Príncipe, ¿qué decís?... ¡Verdad terrible!...

Hugo   Notorios son los infortunios vuestros.
Harto, señora, sé que sus virtudes
a vos patente como a nadie fueron.

Matilde   ¡Cuánto ignoráis aún!... ¡Suerte tremenda!...
Escuchad Mas ¡ay mísera!... Yo tiemblo...

14

Hugo	¿Qué, señora? No alcanzo, confiadme...
Matilde	Príncipe, ¡qué tristísimo secreto os voy a revelar!... Compadecedme... Un sagrado solemne juramento me obliga a ser su esposa. Si el concilio reprueba las propuestas...
Hugo	¡Ah!... ¿Y es cierto, princesa? ¿Habéis jurado ser su esposa? ¿Esposa de un infiel?
Matilde	Príncipe, os ruego que me compadezcáis.
Hugo	¿Cómo?...
Matilde	Cautiva en el ondoso mar del sarraceno de ese Malek-Adhel, su noble brío vi con pavor y su marcial denuedo. Después, un año en su poder, lo heroico de su alma y los hermosos sentimientos conocí por mi mal, y absorta entonces vi que aquel corazón de duro hierro en los sangrientos y hórridos combates abrigaba dulcísimos afectos. ¡Dios!... ¡Cuánto le debí!... ¡Qué nobles muestras de sumisión!... En el alcázar regio que allá venera el Támesis umbrío no encontrara jamás tanto respeto. Él... ¿Para qué me canso, Hugo prudente, sus acciones sublimes refiriendo,

si vos le conocéis?...

Hugo

Sí; le conozco,
y sé el voraz inapagable incendio
en que ardió al admirar las perfecciones
con que os dotó tan liberal el Cielo.

Matilde

Completó un giro en derredor del mundo
del refulgente Sol el curso eterno,
y en su poder me vio, más combatida
de su ardoroso llanto, de sus ruegos
de su constante amor y sus virtudes
que esta playa lo está del mar horrendo.

Hugo

¿Por qué no fue la fuga vuestro escudo?

Matilde

Mil veces lo intenté. Mas, ¡ay!, el Cielo
contrarió mi afanar. Cuando en Damieta,
sola me vi, dispuse en el momento
mi peligro evitar. Huyo anhelosa
con cien cristianos bravos caballeros,
y en busca voy de un santo cenobita,
que habitaba en las costas del Bermejo,
para fortalecer con sus virtudes
mi vacilante y combatido pecho.
Le encuentro al fin; mi suerte miserable
le hago patente, y su sublime ejemplo,
y su honda austeridad, y su prudencia,
y su ferviente orar, y sus consejos,
vigorizan mi espíritu abatido
y la tranquilidad torna a mi seno.
A volver a estos muros me aprestaba,
cuando una tropa vil de árabes fieros
sorprende a los cristianos de mi escolta,

16

al santo penitente fin horrendo
dan al pie del altar, ante mis ojos:
es vana la defensa, es vano el ruego.
Cuantos intentan defenderme rinden
al filo agudo el generoso cuello.
Y ya la muerte atroz me amenazaba,
cuando al crujir del pavoroso acero
miro a Malek-Adhel con sus valientes,
que me busca y me encuentra en tanto riesgo.
Llega, combate, vence, ahuyenta, humilla,
desbarata a los viles bandoleros
y me salva la vida.

Hugo   ¡Oh generoso
                y valiente Malek!

Matilde   Estadme atento,
                escuchad algo más. Mirando ufano
                su sangre y sus heridas con desprecio,
                solo cuida de mí, que, desmayada
                me ve en el lodo del sangriento suelo.
                Servido de los suyos, me acomoda
                en su caballo, de sudor cubierto,
                y me aleja veloz de aquellos sitios,
                do me llevara mi destino adverso.
                Al asomar la plateada Luna
                en la abrasada arena del desierto,
                me hallo de inmensa soledad cercada
                y de pavor y hondísimo silencio
                con Adhel y los pocos que le siguen...
                Pero aun riesgo mayor guardaba el Cielo
                a esta infeliz...

Hugo   ¡Oh Dios!

Matilde

Cuando los rayos
de la primera luz aparecieron
y ansiosos esperábamos el día,
se aumentaron, ioh príncipe!, los riesgos.
La sed y la fatiga y los ardores
de la abrasada arena en nuestros pechos
robaron el valor y la constancia,
y más al advertir presagios ciertos
de que a agitar los vastos arenales
de aquel espacio el requemado viento
del ardoroso Sur se preparaba,
y a dar a nuestras vidas fin funesto.
Entonces, con terribles alaridos,
los bárbaros soldados sarracenos
que siguen a Malek claman furiosos,
en ronco grito y en tumulto fiero,
que el amor de su jefe a una cristiana
con tales plagas castigaba el Cielo.
Y, fanáticos, rompen la obediencia,
y en mí vengar su situación quisieron.
El gran Malek-Adhel, que, absorto,
mira la infame sedición y horrible intento,
empuñando la corva cimitarra
su número desprecia, y sobre ellos
se lanza denodado, como suele
el rayo ardiente al resonar del trueno,
y mata, y atropella, y todos ceden,
y me salva otra vez. Viles, huyeron
dejando a su señor, y a mí en sus brazos,
yerta, y pálida, y muda, y sin aliento.
¡Dios! Tú lo presenciaste... tú, ioh Dios santo!,
vistes allí su amor y su respeto.
Él me salvó mi vida tantas veces,

18

salvó mi honor y mi inocencia a un tiempo.
¿Quién su moderación, y su heroísmo,
y su amor, y su llanto, y sus esfuerzos
pudiera ver sin interés?... ¡Ay Hugo!,
entonces el terrible juramento
mi labio y mi alma toda pronunciaron,
que no es mi corazón rígido acero.

Hugo   Cuánto combate, ¡oh Dios!... ¿quién resistiera?
              Bien vuestro amor y gratitud comprendo.
              Pero ¿después?

Matilde   Llegamos a Damieta,
              venciendo al fin tan horroroso riesgo.
              Y entonces, ¡oh virtud!, con mi palabra
              el gran Malek, premiado y satisfecho,
              a sí mismo se vence, y, generoso,
              me da la libertad y cien guerreros
              cristianos para escolta. Y al gallardo
              noble Montmorency, francés excelso,
              le encarga mi custodia. ¡Amable joven
              que murió en mi defensa! El filo horrendo
              de la sañuda Parca ante mis ojos
              cortó cual tierna flor su ilustre cuello.
              Ved, pues, mi situación... Estos tratados,
              esta paz que el Soldán nos ha propuesto,
              todo es obra de Adhel... Si los obispos
              se opusieran... ¡Oh Dios!... Solo Guillelmo...

Hugo   ¿Y de Tiro juzgáis que el gran prelado
              podrá acceder a que una el himeneo
              a una princesa, honor del cristianismo,
              con un príncipe infiel?...

19

Matilde	¡Infiel!... El Cielo, el Cielo, que conoce sus virtudes, alumbrará su generoso pecho. De Guillelmo las santas persuasiones...
Hugo	Si así fuese...
Matilde	Suspéndase el Consejo. Por piedad, por piedad...
Hugo	Pero, Matilde, un tenebroso impenetrable velo nos esconde el lugar donde se encuentra el prelado de Tiro; ni sabemos a dó se encaminara, ni si torna, y tal vez la tardanza...
Matilde	Nada debo ocultaros, ¡oh príncipe! Movido de mi justo temor y de mis ruegos, el gran Malek-Adhel marchó en su busca, dejando los festines y torneos do a favor de la tregua que gozamos ostentaba su amor y su denuedo. Y por Kaled de recibir acabo de que hoy llegan los dos aviso cierto. Y es forzoso...
Hugo	¡Matilde!
Matilde	Hugo, acordaos que Adhel os libertó del cautiverio.
Hugo	Lusiñán y Ricardo se aproximan.

Matilde	Vos mi esperanza sois y mi consuelo.

Escena III

(Matilde, Hugo, Ricardo, Lusiñán y príncipes cruzados.)

Ricardo	Matilde, ya el concilio venerando
	por la postrera vez reunido vemos,
	y sin duda, su voto será guerra,
	no vergonzosa paz. Así lo espero
	de los sabios prelados que lo forman
	y de su rectitud y santo celo.
	Y con esta esperanza, hermana mía,
	quiero manifestarte mis deseos.
	El grande Lusiñán de Palestina
	y de Jerusalén rey verdadero
	tu mano anhela y elevarte al trono
	do mi brazo otra vez ha de ponerlo.
	Soy tu hermano y tu rey; le he prometido
	que tú suya serás, que el himeneo...

Matilde	Señor... Ricardo... ¿Qué? ¿Cuándo reunidos
	los jefes de la Iglesia discutiendo
	están sobre la paz que Saladino,
	por sus embajadores, ha propuesto;
	cuando vos, ¡oh mi hermano!, y las cabezas
	del católico ejército europeo
	a su ciencia y virtud han confiado
	tan ardua decisión; sin datos ciertos
	de cuál será su voto, de mi mano
	disponéis?

Lusiñán	¡Oh Matilde!

Ricardo	¿Y el Consejo podrá votar jamás? ¡Oh infamia! ¡Oh mengua! ¿Qué presa vil de un torpe sarraceno que de la alta princesa de Britania? ¿La hermana de Ricardo?... Me avergüenzo de que tal duda, baldonosa, horrible, quepa un instante en tu cristiano pecho.
Matilde	¡Señor!...
Ricardo	Matilde, tu inocencia solo te puede disculpar... Hoy el decreto de los obispos fijará...
Matilde	¿Y acaso osarán decidir sin que Guillelmo, cuya alta clase y santidad sublime, ciencia y reputación?...
Ricardo	Ya te comprendo el gran prelado de la excelsa Tiro, de Ptolomayda y de sus muros lejos, se ignora dónde está. Más dilaciones no admite el decidir.
Matilde	Yo, por el Cielo, te juro que antes que concluya el día dentro de estas murallas le veremos.
Ricardo	¿Hoy debe de llegar? ¿Cómo?...
Matilde	Ricardo, hoy mismo; yo lo sé.

Lusiñán	¡Destino adverso!
Matilde	Y qué, ¿no será justo, hermano mío, para resolución de tanto peso, esperar su llegada? ¡Oh vos, valientes príncipes!, decidid.
Lusiñán	Ricardo egregio: ¿y vos consentiréis que se suspenda de los santos obispos el consejo ni un instante? ¡Señor!...
Matilde	¡Hugo!
Hugo	Si llega, cual la princesa afirma, el gran Guillelmo debe al punto cesar y suspenderse, hasta escuchar su veto. El santo celo que arde en su corazón, y su prudencia y su ínclita virtud...
Príncipes cruzados	Quede suspenso el concilio.
Hugo	Sí; debe suspenderse. La equidad y razón lo están pidiendo.
Ricardo	Quede, pues.
Lusiñán	¡Ah Matilde!
Matilde	Acompañadme, Hugo; y vosotros, príncipes excelsos,

avisad sin tardanza a los prelados
que esperen la llegada de Guillelmo.

Escena IV

(Ricardo y Lusiñán.)

Lusiñán   Señor, ¿así ceder?... Hoy que se cumple
                 la vergonzosa tregua en que yacemos,
                 ¿la decisión va a suspenderse? ¡Oh mengua!
                 ¿Cuando ceñimos el tajante acero
                 a la negociación darle acogida
                 y dilaciones tímidas?... Ya veo
                 que los ínclitos reyes de Occidente
                 sus formidables huestes condujeron
                 orillas del Jordán. no a ser amparo
                 de la santa Sión, del verdadero
                 rey de Jerusalén, sino a dejarlos
                 presa infeliz del torpe sarraceno;
                 no a exterminar los impíos musulmanes,
                 sino, ¡oh baldón!, a contratar con ellos.

Ricardo   ¿Así ultrajáis mi amistad sagrada?
                 Soy jefe del ejército europeo,
                 no soy su soberano; y esta tregua
                 y estas negociaciones no tuvieron
                 mi aprobación jamás, pues mientras pueda
                 la espada fulminar, paces no quiero.
                 Pero al común sentir me fue forzoso
                 acceder... ¿Lo ignoráis?

Lusiñán   Amigo tierno:
                 perdonad, perdonad... A un desdichado,
                 que se lamente permitidle al menos.

Con esta dilación...

Ricardo	¿Y, por ventura, pudierais albergar algún recelo del prelado de Tiro?
Lusiñán	No, conozco su santidad, su rectitud. Mas, ¡cielos!, le debe tanto a Adhel, al venturoso Adhel...
Ricardo	¿Qué, Lusiñán?...
Lusiñán	¡Ah! Nada temo más que el perder a la sin par Matilde. Y que tal vez vos mismo... me estremezco, os declaréis de Lusiñán contrario, obediente a un tiránico decreto.
Ricardo	¿Quién? ¿Yo?... Jamás. Juré ser vuestro amigo y nunca quebranté mis juramentos.

Acto II

Escena I

(Matilde y Hugo.)

Hugo
Alta princesa, en este mismo instante
acaba de llegar el gran prelado
de la opulenta Tiro, y a sus plantas,
príncipes, y caudillos, y soldados
corren llenos de gozo y de ternura
su bendición a recibir. ¡Qué encanto
de sublime virtud brilla en su frente,
do el venerable curso de los años
esculpió candidez y alta prudencia!
Su humildad, su sencillo y pobre ornato,
su luenga y blanca barba, a nuestros ojos
de un apóstol ofrecen el traslado.
Todos anhelan verle, y se atropella
la multitud para salirle al paso.
Y él, tendiendo las manos a los cielos
y lágrimas de gozo derramando,
da gracias al Señor Omnipotente,
que le torna, otra vez a los cristianos.

Matilde
¡Oh Dios!... ¡Dios de bondad!... ¿Y viene solo?

Hugo
El príncipe Malek viene a su lado.

Matilde
¿Malek-Adhel?

Hugo
Malek-Adhel, señora;
y la visera levantada en alto
muestra a la muchedumbre aquel semblante

do luce el heroísmo, y de admirarlo
nadie se excusa, que virtud y gloria
al mayor enemigo tornan grato.

Matilde   ¿Y dónde está? Decid.

Hugo   Su tarda huella
Guillelmo dirigía hacia el palacio
del legado apostólico.

Matilde   ¿Y adónde
el príncipe Malek?

Escena II

(Matilde, Hugo y Malek-Adhel.)

Malek-Adhel   El Cielo santo
a tus plantas me trae.

Matilde   ¡Adhel!

Malek-Adhel   ¡Matilde!

Matilde   ¡Eterno Dios!... ¿Es ilusión?... Su labio;
me asegura que el Cielo le conduce...
Dios de piedad, benigno Dios... ¿Amarlo
será ya permitido al pecho mío?

Malek-Adhel   ¿Qué escucho?... ¿Qué rigor?...

Matilde   ¿Os ha enviado
Guillelmo a este lugar?... ¿La voz eterna
de Dios que os llama?... ¿Los consejos sabios

del piadoso arzobispo?... ¿Los errores?... ¿Sabéis?...

Malek-Adhel

¡Matilde! Solo sé que os amo.
Que es mi pecho un volcán que me devora
y que estoy junto a vos... He libertado
a Guillelmo del filo de la muerte,
que ya estaba su cuello amenazando.
A Ptolomayda, libre, le he traído.
Ya mi oferta cumplí... Ya se lograron
vuestros deseos... ¡Ah!... ¡Cuántos te mores!...
¡Qué esperanza falaz!...

Matilde

¡Dios!... ¡Qué agitado!...
¡Qué incertidumbre!... Príncipe...

Malek-Adhel

Matilde,
mi mente funestísimos presagios
encuentra donde quier... Ningún consuelo
basta a mi corazón... ¿De quién lo guardo?
¡Hugo!... ¡Matilde!...

Matilde

¡Dios!

Hugo

Príncipe augusto:
¿por qué tanto temor, tal sobresalto?

Malek-Adhel

¡Ay amigo!

Hugo

¡Señor!

Malek-Adhel

Todo conspira
contra Malek-Adhel... Esos prelados
decidirán... De Lusiñán conozco
la astucia, el ascendiente... Sí, Ricardo...

Hugo	Calmad la agitación que os enajena. El prudente Guillelmo...
Matilde	Nuestro amparo, nuestro apoyo será.
Malek-Adhel	¡Matilde! ¡Cielos!
Matilde	¡Ah!, me estremezco... ¡Oh Dios! Procuro en vano preguntarle... Y él.¿qué? ¡Cielos! Cuál temo escuchar su respuesta... Demostrando está su turbación, ¡Adhel!... ¡Ay triste!
Malek-Adhel	¡Matilde!
Matilde	¿Qué...?
Malek-Adhel	Matilde, ¿se borraron de vuestro pecho ya...
Matilde	¿Qué?
Malek-Adhel	...las ofertas que nadie más que el Cielo y yo escuchamos de vuestro amor en medio del desierto y de la muerte atroz casi en los brazos?
Matilde	¿Borrarse de mi pecho? ¿Qué pronuncia mi amado Adhel?... ¡Ah!... ¿Dudas?...
Malek-Adhel	¡Tan amargo es mi destino!

Matilde	Pues de vos depende nuestra felicidad... Sí... El Cielo santo...
Malek-Adhel	¿Seréis mía, Matilde?
Matilde	En la presencia del Dios eterno, cuyo justo brazo castiga inexorable a los perjuros, mi pecho a un tiempo, príncipe, y mi labio confirman el sagrado juramento de ser vuestra o de nadie. Aseguraos de mi verdad, Malek. Heme dispuesta a unirme a vos con duradero lazo por una eternidad. De vos tan solo una respuesta nada más aguardo. ¿Conocéis ya a mi Dios?... ¡Decid!
Malek-Adhel	¡Matilde! ¿Qué pretendéis?... ¡Cruel!
Matilde	¡Desventurado! ¿Qué?... Nuestra eterna dicha solamente. Y vos ¿la rehusaréis?... ¡Adhel!... ¿Negaros?...
Hugo	Príncipe, reparad que hacia este sitio se acerca Lusiñán apresurado.

Escena III

(Matilde, Hugo, Malek-Adhel y Lusiñán, que sale con la espada en la mano.)

Lusiñán	¿Qué altivo musulmán tiene la audacia de hollar con planta osada este palacio? ¿Quién?...

Malek-Adhel	Yo: Malek-Adhel.
Lusiñán	¿Cuándo pensaba no tornaros a ver sino en el campo, ceñida la coraza refulgente, donde, por siempre, fueran acabados al fulminante impulso de mi lanza nuestra rivalidad, nuestros insanos debates, nuestros odios, que extinguirlos ni aun la muerte podrá, vuelvo a encontraros? ¿Y dónde?... Aquí... ¡Oh furor!...
Malek-Adhel	Ese importuno denuedo reprimid, y sosegaos, ¡oh Lusiñán!; a la princesa augusta, en cuya alta presencia nos hallamos, respetad cual debéis. Y respetadme como enemigo vuestro, que, fiado en las juradas treguas, ha venido de buena fe y de paz a este palacio, a rendir a Matilde el homenaje debido a su virtud, beldad y encanto. Ni vuestro altivo orgullo ni ese acero, que injusto brilla en la indignada mano, pueden darme pavor en este sitio, cuando en la lid jamás me lo causaron. Ahora es tiempo de paz.
Lusiñán	Paz vergonzosa.
Malek-Adhel	Cual ofendido habláis, y no me pasmo. Esa arma retirad, que no me asusta. Deponed ese bélico aparato...

Aquí no asienta bien...

Lusiñán

Si aquí no asienta,
asentará, ioh Malek, cuando vengando
mi religión, mi amor, mi fama y trono
a vuestra altiva frente arranque el lauro
que orgulloso ostentáis.

Malek-Adhel

Si esa esperanza, Lusiñán,
os consuela por acaso,
esperad a que llegue tal momento,
que el Destino, quizá, puede guardaros.

Lusiñán

Y que tarda, y que tarda a mi impaciencia.

Matilde

Rey de Jerusalén, ieh!, reportaos.
Moderad ese orgullo y demasía.
Cuando todo el ejército cristiano,
fiel a su honor y a su jurada tregua
prodiga obsequios mil a los vasallos
del triunfante y glorioso Saladino,
¿vos solo osáis con atrevido labio
las paces perturbar? ¿Y así, orgulloso,
desnudáis el acero en el sagrado
asilo de mi estancia?

Lusiñán

¡Oh Dios!... Princesa:
perdonad, perdonad; como encargado
de la custodia vuestra...

Matilde

¿Y qué enemigos
a mi seguridad han atentado?...
Aquí el príncipe entró con mi anuencia,
y puede entrar cuando quisiere a salvo;

y ese celo imprudente y ese arrojo
que refrenéis, ¡oh Lusiñán!, encargo.

(A Malek-Adhel, llevándole aparte.)

Príncipe, el tiempo vuela. Los afectos
en que estáis hora mismo naufragando
conozco bien. Mas si mi amor de todos
puede triunfar, y todos apagarlos,
deponedlos por mí. Vuestra alma entera
ocupad, embebed en un cuidado
más grande y eminente. No se trata
de intereses al tiempo limitados.
A los eternos dirigid la mente.
Mi pecho, por mil dudas devorado,
teme, sospecha, duda, desespera...
Mas ¿qué digo?... Malek, marchad volando;
al arzobispo ved; aún puede haceros
de mi amor digno su consejo sabio.
Prestadle honda atención.

Malek-Adhel   ¡Matilde!... ¡Ah triste!

Matilde   Ya Dios no me permite el escucharos.
A Guillelmo buscad... ¡Ay!, de que restan
cortísimos Momentos, acordaos.

Malek-Adhel   ¡Matilde!... Bien... Humilde, os obedezco.

Escena IV

(Matilde, Hugo y Lusiñán.)

Matilde (Al ver que Lusiñán quiere seguir a Malek-Adhel.)

Lusiñán, Lusiñán, ¿adónde el paso
intentáis dirigir?

Lusiñán   ¡Cruel Matilde!

Matilde   Esperad, esperad.

Lusiñán   ¡Ah!... Será en vano
intentar seducir al jefe augusto
de la iglesia de Tiro.

Matilde   Vuestro labio,
¿qué se atreve a alentar? ¿Qué vil ponzoña
ese pecho maléfico ha engendrado?...
¡Seducir, seducir!... ¿Así ultrajarme?
¿Cómo habláis con tan torpe desacato?
¿Qué pretendéis de mí?...

Lusiñán   Basta, Matilde;
de pesares sin fin soy triste blanco.
Sé que me aborrecéis.

Matilde   Vuestra altiveza,
vuestra rabia feroz y orgullo insano,
¿qué deben esperar?

Lusiñán   ¡Destino horrible!
Ardo en amor, el fulminante rayo
no es más voraz que la insaciable llama
en que por vos, ¡ay mísero!, me abraso.
A la vista cruel de ese dichoso
competidor, el pecho me agitaron
mis afectos terribles... El pretende
que le ceda mi reino y vuestra mano...

	¿Y aún he de reprimir?...
Matilde	¿Qué estáis diciendo? ¿Cómo ha de pretender, ni imaginarlo, que le cedáis un reino que, animoso, ha sabido en la lid arrebataros?... ¿Cómo que le cedáis la mano mía, mía, y de nadie más?...
Lusiñán	Soy desdichado, princesa; harto lo sé.
Matilde	¡Gran Dios, Guillelmo! Guillelmo se aproxima con Ricardo.

Escena V

(Matilde, Hugo, Lusiñán, Guillelmo, Ricardo y príncipescruzados.)

Matilde	¡Oh gran Guillelmo! ¡Oh venerable apóstol!
Hugo	Consuelo del ejército cristiano, ioh virtuoso padre! ¿Al fin los cielos a nuestro seno os tornan? ¿Qué contrario destino dilató tan dura ausencia? ¿Qué suceso feliz e inesperado el volveros a ver nos proporciona?
Guillelmo	De Dios eterno los decretos santos humildes adoremos. Los destinos de los mortales penden de su mano omnipotente. A dar el cumplimiento debido al ministerio de mi cargo, a recorrer los pueblos oprimidos,

a consolar sus míseros cristianos,
me alejé de estos muros, y aún la tregua,
cual sabéis, no se había declarado.
Estuve en Ascalón y en Cesarea
los tristes cautivos confortando,
y pronto ya a tornar, los sarracenos
a descubrirme llegan; indignados
me acometen, me cargan de prisiones;
ni mi carácter ni mis largos años
su saña templa y furibundo encono,
y a Jafa me conducen como esclavo.
Ayub, que la gobierna, y cuyo pecho
de crueldades jamás se ve saciado,
en mí cebó su vengativa furia
y decretó mi muerte en un cadalso.
Fui sumido en un hondo calabozo,
de horrísonas cadenas abrumado;
y ya el día fatal se aproximaba,
cuando miro caer hechas pedazos
de la prisión las redobladas puertas
y un guerrero llegar; su fuerte brazo
quebranta mis pesados eslabones;
de la horrenda mazmorra, apresurado,
me saca y me liberta.

Ricardo
Gran Guillelmo
¿y a quién, a quién, decid, auxilio tanto
debisteis?... ¿Conocéis?...

Guillelmo
¡Ah!... Sí; conozco
a mi libertador, noble Ricardo.

Lusiñán
¿Y quién?...

Guillelmo	Malek-Adhel.
Lusiñán	¿Cómo?
Guillelmo	No acierto, señor, por qué ocultísimo milagro de la alta inescrutable Providencia a libertarme encaminó sus pasos, cuando todo parece conspiraba a detenerle en Ptolomayda.
Ricardo	Extraño suceso, a la verdad! ¿Y cómo pudo saber de vos Malek, ir a buscaros y llegar tan a tiempo?... son misterios, ioh arzobispo de Tiro!, que no alcanzo.
Guillelmo	Misterios de virtud y de heroísmo que no osaré jamás interpretarlos, or respeto a la mano generosa que obra el bien sin querer manifestarlo. No es la primera vez que le he debido la vida al gran Adhel. Allá en Damasco me libertó también de los tormentos y de la muerte. El Cielo ha destinado a ese príncipe insigne y generoso para sacarme del peligro a salvo.
Lusiñán	iCuán prevenido estáis, ioh gran Guillelmo, a favor de Malek veo con pasmo! Y tanta prevención me da temores; perdonad lo pronuncie sin reparo, de que la integridad debida altere para la decisión que ya esperamos

y que de vos, señor, depende solo.

Guillelmo

Mucho estimo a Malek. ¿Por qué negarlo?
Sí, le profeso paternal ternura.
Sus excelsas virtudes y los rasgos
de su heroísmo a amarle me obligaran,
si la fiel gratitud un deber sacro
no me impusiera, Lusiñán, de amarle.
Y yo haré en el consejo a los prelados
de ese príncipe insigne el justo elogio
como vos lo escuchaste. ¿Es necesario,
cuando de sostener se trata solo
de la alma religión los sacrosantos
derechos, ser injusto?

Lusiñán

¿Por ventura
queréis en su favor manifestaros?...
¿Intentáis?...

Guillelmo

Lusiñán, mis intenciones
no estoy a conferiros obligado.
Mas espero que el ojo penetrante,
que ve la oculta marcha de los astros,
las arenas del mar, y a cuya vista
no hay presente, futuro ni pasado,
contento quedará de mis ideas.

Ricardo

¿Y quién dudar pudiera, ¡oh padre amado?...

Guillelmo

¿Y aunque dudaran, ¡oh señor!, debiera
quejarme yo ni concebir agravio?
Soy hombre y nada más. Todo hombre es frágil,
debilidad y error de los humanos
los atributos son, y pues que todos

sujetos al error, ¡gran rey!, estamos,
también a la sospecha y al recelo
lo debemos estar.

Matilde

¡Oh varón santo!
¡Apóstol venerable! Vos tan solo
sois verdadero justo, y por dechado
de virtudes'sin. mancha, el alto Cielo
os concede a la Tierra.

Guillelmo

El entusiasmo
con que habláis, reprimid, incauta joven,
para objetos más dignos reservadlo.
Nadie vive en el mundo sin mancilla,
sujetos todos a faltar estamos.

Hugo

Señor, y al elogiar el heroísmo
del príncipe Malek, ¿podéis acaso
elogiarle a la par de humilde y dócil
en convertirse a Dios y en escucharos?

Guillelmo

Príncipe: permitid no satisfaga
vuestra curiosidad... Ya los prelados
me aguardarán reunidos en el templo
adonde debo dirigir mis pasos.

Acto III

Escena I

(Ricardo, Matilde y damas de Matilde.)

Ricardo

Se cumplió tu afanar: por complacerte
quedó, Matilde, la sesión suspensa,
y ya el Consejo augusto y venerado
goza del gran Guillelmo la presencia.
Pero ¿qué esperas de él?... ¡Ah! ¿Por ventura
que su celo inflexible dictar pueda
que de Jerusalén el santo trono
ocupe un musulmán, un fiero persa?...
Mas tú anhelaste esperar su voto,
y yo te complací, por lo que espera
tu hermano y rey que a complacerle pronta
e hallará en adelante. La postrera
decisión del Consejo debe al punto
sancionarse, y al punto mis ideas
debes tú coronar.

Matilde

¡Oh Dios! ¡Ricardo!

Ricardo

¿Te demudas?... Matilde, ¿por qué tiemblas?
Educada en el claustro retirado
y dedicada a Dios tu edad primera,
¿cómo tales pasiones vergonzosas
en tu alma pura y cándida se albergan?
Y, aunque justas, y dignas, e inocentes
no criminales ni horrorosas fueran,
¿quién, ¡ay!, puede aprobar el hondo anhelo
con que a su impulso y frenesí te entregas?
Tú, que siempre miraste con desprecio

los goces miserables de la Tierra,
ejemplo de piedad y de virtudes,
¿Ahora en tanto, Matilde, los aprecias?

Matilde   Me ofendes, ¡oh Ricardo! No; te juro
que a mi apenado corazón no inquietan
pasajeros afectos al presente,
ni por cosas mortales ves suspensa
mi triste y angustiada fantasía:
pensamientos más altos me enajenan.
¡Oh Dios, Dios de piedad!, a vuestra vista
nada hay oculto en la anchurosa Tierra:
vos penetráis el fondo de mi pecho;
si separarnos es voluntad vuestra,
me resigno sumisa, respetando
vuestros santos decretos... Mas ¿es fuerza
que esta separación, Señor benigno,
por una eternidad terrible sea?...

Ricardo   No comprendo, Matilde...

Matilde   Basta solo
que el Ser Omnipotente me comprenda.

Escena II

(Matilde, Ricardo, damas de Matilde y Hugo.)

Hugo   Rey de Albión: volad; en este instante,
de este regio palacio ante las puertas,
el príncipe Malek se ha presentado
y ver a vuestra hermana, ansioso, anhela.
Mas Lusiñán el paso le detiene,
y agitados de cólera funesta

y desnudado el vengativo acero,
sin reparar en la jurada tregua,
combaten con furor. De Palestina,
dice el altivo rey, que en vano intenta
el príncipe llegar a estos salones,
sin antes obtener vuestra licencia.
Apresuraos, señor; ved que la sangre
va a inundar estas plazas.

Matilde   ¡Oh Dios!, vuela.
No tardes... por piedad... Hugo...

Ricardo   Matilde,
calma esa impropia agitación que ostentas.

Escena III

(Matilde, damas de Matilde y Hugo.)

Matilde   Hugo, marchad también... ¡Ay de mí, triste!
¿Conseguirá Ricardo?...

Hugo   Sí, princesa.
Vuestro pecho aquietad. El rencoroso
Lusiñán, de Ricardo a la presencia,
su furia enfrenará... Y en el momento,
el generoso Adhel...

Matilde   ¡Oh Dios! Me hiela
la sangre toda el vengativo encono
del atroz Lusiñán.

Hugo   Aquí se acerca, señora,
el gran Malek, y me retiro,

pues ya el Consejo que concluya es fuerza
su postrera sesión, y yo el primero
tornaré a datos la felice nueva
del decreto que aguardo favorable.

Matilde   ¡Favorable!... ¡ilusión que me enajena!

Escena IV

(Matilde, damas de Matilde y Malek-Adhel.)

Matilde   ¡Malek-Adhel! ¡Malek-Adhel!

Malek-Adhel   ¡Matilde!,
de amargura y dolor el alma llena,
vengo a buscar consuelo a vuestras plantas,
y armas y altivo arrojo me lo vedan.
¿Dó estoy? ¿Así el sagrado juramento
quebrantan los cristianos de la tregua?
¿Así ese Lusiñán, fiero y altivo,
del honor militar las leyes huella?
Mas, ¡ah!, si otro enemigo, a quien mis ojos
sin tanto encono ni desprecio vieran,
se hubiese opuesto a mi anhelosa planta,
desnudo el pecho miserable diera
al hierro matador, pues muerte solo
es el consuelo que a Malek le queda.

Matilde   ¡Muerte! ¡Qué horror! ¡Adhel! ¡Cielo!, ¿qué dices?
¿Y Guillelmo?

Malek-Adhel   Jamás, Matilde, encuentra consuelo
alguno el que infelice nace.
Vano fue mi anhelar; la suerte adversa

le alejaba de mí; corrí en su busca
por toda la ciudad, vagando en ella;
por el pregunto al duque de Borgoña;
por él, a Alfredo de Turón; no aciertan
a decirme dó está. Torno a este alcázar,
y ya no le hallo en él, sino sus huellas,
y, ¡oh, fortuna terrible!, en el momento
de entrar en el Consejo, ante las puertas
del templo, do se juntan los prelados,
le alcanzo al fin; mas cuando ya no era
tiempo de que escuchara mis acentos.

Matilde   ¡Eterno Dios! ¡Eterno Dios!

Malek-Adhel   La inmensa
multitud, que a admirarle se agolpaba,
me inspiró el acercarme. A la hora mesma
se cerró el templo. En este horrible instante,
tal vez la decisión ¡Cruel estrella!

Matilde   ¡Príncipe!

Malek-Adhel   ¡Desdichado! Y qué, Matilde,
¿no le podréis hablar?... Posible fuera
suspenderse otra vez...

Matilde   Ya no, ¡Dios mío!

Malek-Adhel   Día terrible... Muerte solo resta.

(Quedan Matilde y Malek en profunda meditación, sentados al fondo del teatro.)

Escena V

(Matilde, damas de Matilde, Malek-Adhel, Ricardo y Lusiñán.)

Lusiñán

¡Oh, cuál están! Miradlos; sí, miradlos.
¿De justo encono y de furor no llena
vuestro pecho, ¡gran rey!, ver al impío,
al seductor, al temerario persa
al lado de Matilde?

Ricardo

Sí; me indigna
el verlo más que a vos.

Lusiñán

¿Por qué mi diestra
contenéis y el acero aquí pendiente
queréis que inútil y dormido tenga?

Ricardo

Lusiñán, un sagrado juramento
ha suspendido la horrorosa guerra.
Él viene a mi palacio a fuer de amigo:
soy caballero y ampararle es fuerza,
pues fuera indignidad causar injuria
a quien inerme a nuestros brazos llega.
Yo, el primero en el campo de batalla,
aunque respeto su virtud excelsa,
fulminaré la lanza vengadora
contra su pecho, y entre sangre negra,
de él sabré arrebatar la llama altiva,
que me horroriza y en furor me incendia.
Mas ahora mi rencor y noble saña
la fe del pacto y mi palabra enfrenan,
y solo he de encontrar festivo obsequio,
pues no consentiré se le haga ofensa.

Lusiñán	Pues yo que nunca...
Ricardo	Baste.
Matilde	¡Oh Dios!
Ricardo	Sin duda, ya los prelados el Concilio cierran, y ya determinaron, pues advierto que con el gran Guillelmo, a su cabeza, salen del templo, y donde quier los vivas y aclamaciones por el aire suenan. Mas Hugo hacia este sitio, apresurado, a darnos la noticia se acelera.
Malek-Adhel	Mi suerte se fijó.
Lusiñán	También la mía.
Matilde	Y mi eterno Destino, ¿qué me espera?

Escena VI

(Matilde, damas de Matilde, Malek-Adhel, Ricardo, Lusiñán y Hugo.)

Ricardo	¿Cuál, príncipe, decid, de los prelados ha sido al fin la decisión postrera? Mas ¿qué penar anubla vuestra frente? ¿Qué turbación y embargo manifiesta vuestra marchita faz?... ¿No resolvieron?
Hugo	Sí, señor; han resuelto.

Ricardo	Y ¿qué os altera?
Malek-Adhel	¡Ah! Por piedad. no retardéis...
Hugo	Matilde... Cuando a ruego, señor, de la princesa, esta mañana la sesión augusta suspendieron los jefes de la Iglesia, era el voto común que vuestra hermana del héroe musulmán esposa fuera. Pero del grande y ejemplar Guillelmo la santidad, el celo y la elocuencia mudaron la opinión de los prelados, y todos, que le admiran y respetan, su dictamen aclaman y le siguen...
Lusiñán	Y ¿cuál es? Acabad.
Hugo	Que a las propuestas del valiente Soldán en nada accede, y que el permiso, inexorable, niega para unir en los lazos de himeneo a Matilde y a Adhel... como no sea que ese príncipe insigne, en el espacio preciso de tres días, se resuelva a abjurar sus errores infernales, y a no emplear la formidable diestra en favor de las lunas musulmanas.
Malek-Adhel	¿El término es tres días? ¡Ah! Me afrenta, me agravia el que ese espacio vergonzoso para un perjurio vil se me conceda. ¿Necesito ese tiempo, por ventura, para no cometer una vileza?...

No, triunfador glorioso Saladino;
no, hermano, a quien adora mi alma tierna;
no, patria idolatrada... ¿Abandonaros?...
¿Venderos?... No será.

Matilde   Ábrete, ¡oh tierra!
¿Qué rayo el alto Cielo me fulmina?

(Cae desmayada en los brazos de sus damas.)

Hugo   ¡Infelice Matilde!

Ricardo (A las damas de Matilde.)
A la princesa
retirad al momento de este sitio.

Malek-Adhel   ¡Día de horror, Matilde! ¿Acaso fuera
Malek digno de ti, de tus virtudes,
si tan atroz perfidia cometiera?

Escena VII

(Ricardo, Lusiñán, Malek-Adhel, Hugo, Guillelmo y príncipescruzados.)

Guillelmo   ¿Y perfidia juzgáis, príncipe ilustre,
el no empuñar las armas en defensa
de los infieles, y el seguir?...

Malek-Adhel   Yo juzgo
perfidia infame y vil, y atroz y horrenda,
abandonar al noble Saladino,
a quien ama mi alma toda entera.
Abandonar a un generoso hermano,
cuya amistad y sin igual terneza

quiere sacrificar su gloria y trono
por mi felicidad... ¡oh torpe mengua!
¿Yo hacer traición a su cariño? ¡Nunca!

Ricardo   ¿Conque ya renunciáis de la princesa
la mano y el amor?

Malek-Adhel   ¡Ah!... Yo renuncio
solo a cubrirme de la horrible afrenta
de ser traidor al noble Saladino
y a mi sangre... ¡Qué horror!... Esa belleza,
esa belleza ilustre que atesora
todas las perfecciones de la Tierra
y todas las virtudes de los Cielos,
no debe el premio ser de una vileza,
de una infame traición, de una perfidia...
¿Aceptar yo jamás tales propuestas.
¿Yo aceptarlas?... Las olas resonantes
que azotan sin cesar esta ribera,
antes se extenderán por el desierto,
inundando sus áridas arenas,
que yo a mi tierno hermano le abandone,
que contra ti o mi patria alce la diestra
sacrílega...

(La agitación le impide continuar, y habrá una larga pausa.)

Lusiñán (A Guillelmo.) ¡Oh señor, oh varón santo,
cuánto os separan las virtudes vuestras
del resto de los míseros mortales,
que indignos son de penetrar la fuerza
de vuestra santidad y la sublime
rectitud indeleble, que está impresa
en vuestro justo corazón. La vida

y la felicidad vuestra prudencia
y vuestro celo me devuelven... ¡Cielos!
Todo lo debo a vos, de quien sospechas
tal vez osé abrigar... ¡Ah!... Os aseguro
que en mí la gratitud vivirá eterna.

Guillelmo   No la merezco, Lusiñán. Protesto
                 que en la ocasión presente, en mis ideas,
                 ni vos ni otro mortal han influido,
                 ni vi los intereses de la Tierra.

Hugo   ¡Oh inflexible virtud! ¡Oh santo Cielo!
                 Pero, señor, la mísera princesa...

Guillelmo   Cuando llegue a explicarle los motivos
                 que a esta resolución me compelieran;
                 cuando escuche mis sólidas razones,
                 verá si el interés, si la pureza
                 de nuestra religión, esa alianza
                 que propuso el Soldán nos consintiera
                 aceptar. Sí; su virtüoso pecho,
                 mansión de la piedad, verá que fuera
                 exponer su virtud pura, inocente,
                 dando a un esposo musulmán la diestra,
                 a flaquear, tal vez, un día aciago
                 en la fe sacrosanta, ¡horrible idea!,
                 y lloráramos todos, responsables
                 de su infeliz reprobación eterna.

Malek-Adhel   No, inflexible varón; tales temores
                 albergar vuestro pecho no debiera.
                 ¡Infelice de mí!... Vos escuchasteis
                 mis intentos, señor. y mis promesas:
                 vuestro indomable celo no ha podido

resolverse a ceder... ¡Ah!

Guillelmo

Cuando esfuerza
el celo humano Dios; cuando Dios mismo
es el objeto de él, ¿cómo pudiera
ceder?... Príncipe, no; cuando se lidia
por la causa de Dios, vencer es deuda,
aunque cueste dolor, tormento y llanto.
No puede ser cristiano el que le cela
a los ojos del mundo. El que prefiere
la opinión de los hombres, de la Tierra
la amistad e interés a Dios y al Cielo.

Malek-Adhel

¡Oh confusión! ¡Oh amor!; Cruel estrella!...
Señor, señor; en este infausto día
me habéis hecho más daño que pudieran
todos los hombres contra mí reunidos:
me habéis hecho infeliz. Sí; la tremenda
aflicción que me abruma a vos la debo
Y, sin embargo, os juro que en la Tierra
no hallo a quien tanto como a vos estime
y respete a la par. Os lo confiesan
mi corazón, mis labios... Aun espero
que para siempre de la Parca horrenda
no nos separará la atroz cuchilla
sin que reconciliado a vos me vea.

Guillelmo

¡Qué halagüeña esperanza en mí renace
al escuchar las expresiones vuestras!

Malek-Adhel

(A Ricardo.)

¡Ah! Mas ¿qué dudo? No, jamás: huyamos.
Señor, el regocijo que demuestra
por esta decisión vuestro semblante
mi desventura y aflicción aumenta:

tal vez, si os mereciese mi infortunio
al menos compasión, la amarga pena
no tan atroz me desgarrara el alma.
Mas harto advierto, icrueldad horrenda!,
que todo Ptolomayda, se conjura
contra Malek-Adhel, y en otra esfera
debe ya colocar sus esperanzas,
pues tan falaces fueron en la Tierra.
Yo me alejo, señor, de este recinto,
donde todo me abruma y atormenta;
torno a los brazos de mi tierno hermano;
mi consuelo y mi dicha aquí se quedan.
Cuando la decisión de los prelados
el generoso Saladino sepa...
No sé lo que será. Pero preveo
que va a empezarse la horrorosa guerra,
devastadora cual jamás, cual nunca
feroz, horrible, y bárbara y sangrienta,
y la calamidad y el exterminio abrumarán
la estremecida Tierra.

Hugo   ¡Desventurado Adhel! ¡Piadoso Cielo!

Ricardo   ¡Oh príncipes, venid! Hasta las tiendas
del excelso Soldán acompañemos
a su valiente hermano. Obsequio sea
debido a su valor y a sus virtudes.

Guillelmo   ¡Eterno Dios!, imploro tu clemencia.

Acto IV

Escena I

(Matilde, sola.)

Matilde   Confusión, amargura, hórrido espanto
por doquier me circundan. ¡Desdichada!
¡infelice Destino!... ¡Para siempre
le perdí, para siempre!... ¡Suerte infausta!
¡Suerte cruel!... ¡Gran Dios!, ¿y sus virtudes
se perderán también? ¿Qué hielo pasma
la sangre toda de mis venas?... ¡Cielos!

Escena II

(Matilde y Hugo.)

Matilde   ¡Hugo!... ¡Amigo!...

Hugo   Princesa infortunada,
hasta el campo enemigo del valiente,
del desdichado Adhel, seguí la planta,
en justo obsequio a su virtud sublime,
y en debido respeto a sus desgracias.
¡Cuál iba, eterno Dios!... Aquel semblante,
que el heroísmo y el honor inflaman,
he visto mustio, pálido, marchito
y regado de lágrimas amargas;
las primeras, sin duda, que sus ojos
supieron derramar. Estas murallas
veloz atravesó, y al ver, acaso,
la lúgubre mansión donde descansa
en la marmórea silenciosa tumba

el gran Montmorency, de pronto para,
tiembla, y del hondo de su noble pecho
un suspiro de horror, pálido, arranca.
Me ruega que le siga, y, presuroso,
a los reales del Soldán se avanza,
sin reparar en sus guerreros fieles,
que en su redor se agolpan y le aclaman,
la multitud penetra taciturno,
llega a su pabellón, a todos manda
que conmigo le dejen, anhelante
escribe y sella este papel, me abraza,
mi seno inunda de copioso llanto,
fuera de sí se arroja ante mis plantas:
y: «¡Oh tierno amigo! —con ardor me dice—.
Si caballero sois, si en vuestra alma
la sensibilidad tiene acogida,
tomad este papel, y sin tardanza
entregadlo a Matilde; de él depende
mi salvación eterna». Sus palabras,
su amistad, su actitud, su acerbo lloro
y el recordar que un tiempo quebrantara
el poderoso yugo de mi cuello,
tornándome una esposa idolatrada
y unos hijos cautivos inocentes,
no pude resistir, desventurada.
Juzgo no haber faltado a mis deberes,
pues tal vez de esta misteriosa carta
dependerá la paz, vuestra ventura
y de Malek la conversión ansiada.
Examinadla, pues. Yo me retiro.

(Entrega un papel cerrado a Matilde.)

Escena III

(Matilde, sola.)

Matilde   ¿Qué tiemblas, corazón?... ¿Qué te acobarda?...
           ¿Qué papel, Dios eterno?... Y qué, ¿mi pecho
           aún osa concebir dulce esperanza?

(Lee.)

           «No olvides, ¡oh Matilde!, el juramento
           que en medio del desierto, en la sagrada
           presencia del Señor Omnipotente,
           en libertad hiciste; nada, nada
           reservarme juraste, exceptuando
           tu inocencia y tu fe. De tu palabra
           el cumplimiento ya llegó. Interesa
           a la quietud eterna de mi alma
           tornarte a ver. Es fuerza que esta noche,
           de la sombra a favor, dejes tu estancia,
           yendo a la regia tumba do reposa
           el gran Montmorency, que allí te aguarda
           este infelice. Mas si tú, perjura,
           de mí te olvidas, y en buscarme faltas,
           allí desesperada horrible muerte
           dará fin desastroso a mis desgracias,
           y se hallarán junto al sepulcro mudo
           donde el héroe francés en paz descansa
           del desdichado Adhel los restos fríos.
           Ya mi resolución está fijada.»

(Representa.)

¡Oh Dios! ¡Eterno Dios! ¿Qué nuevo espanto
por mis helados miembros se dilata?...
¿Qué he leído?... ¡Infeliz!... ¿Mis tristes ojos
cansados de llorar tal vez me engañan?...

(Vuelve a mirar el papel.)

¡Ay!... Si yo falto, la espantosa muerte
dará horrorosa cima a sos desgracias...
¡Qué horror!... No... Yo, a salvarle... Mas ¿qué digo?
¿A buscar a un infiel, a quien acaba
de separar de mí la Iglesia augusta,
prohibiéndome el amarle?... ¡Desdichada!
¡Mis juramentos!... ¡Dios!... ¡ah! Me asegura
que la quietud importa de su alma...
¿Será, tal vez?... Abismos espantosos
do quier circundan mi dudosa planta,
¿Qué partido me resta? Solo encuentro
peligros, dudas, confusión amarga,
y huyen de mí la paz y la alegría,
y ya mi fuerza y mí valor desmayan...
Mas,¡ay!, Guillelmo llega... ¿Cómo puedo

(Oculta el papel.)   disimular con él?... ¡Oh suerte infausta!

Escena IV

(Matilde y Guillelmo.)

Guillelmo   Hija mía, Matilde... ¿Por ventura,
     entenderme podéis?

Matilde   Sí; preparada
     a todo estoy, señor.

Guillelmo	Es necesario
	aceptar, ¡oh Matilde resignada!,
	el cáliz de amargura que os presenta
	el mismo Dios. Mirad que reservadas
	tiene pruebas tan grandes para pocos
	elegidos; a todos no señala
	con la gloria de tales sacrificios.
Matilde	Ya he recibido el de mi dicha, y calla
	mi humilde corazón; y si le place
	tanta conformidad, con toda el alma
	le ruego que reciba el de mi vida.
Guillelmo	La desesperación nunca le es grata;
	escuchad, pues, princesa, las razones
	que con voz imperiosa me obligaran
	a dictar al Consejo la repulsa
	que lamentáis. La lid extraordinaria
	que ha agitado mi pecho, el Cielo sabe
	inocente Matilde, al pronunciarla.
	La justa gratitud y la ternura
	que al obcecado Adhel debe mi alma
	notorias son; notorios mis deseos
	de su dicha y la vuestra, ¡oh desgraciada!;
	pero en su pecho, como el bronce duro,
	no hicieron mella alguna mis palabras.
	Se resistió a la luz... ¡desventurado!
	Aún no llegó el momento; reservadas
	son las miras de Dios.
Matilde	¿Y aun se preciso resignarse?
Guillelmo	¡Infeliz! ¿Dónde os arrastra
	vuestro dolor? De mi penosa vida

en la carrera perezosa y larga
he visto mil sucesos diferentes
y mil calamidades y desgracias;
mas no encontré jamás motivo alguno
para no resignarme con las altas
providencias del Ser Omnipotente.
¿Quién sus designios penetrar osara?
Tal vez la conversión del héroe persa
Para momento inesperado guarda.
Entre tanto, Malek ha resistido
mi persuasión. En vano ante sus plantas
me he prosternado; en vano sus errores
le he hecho patente, y con la antorcha clara
de la Eterna Verdad le he combatido.
Alguna vez mi pecho en esperanzas
dulcísimas viviera, pues acaso
le he visto conmoverse, y protestaba
que de la fe la esplendorosa lumbre
su corazón hería...

Matilde   Si su alma
                 ha llegado a sentir...

Guillelmo   Triste princesa,
                 sin las obras, ¿qué sirven las palabras?
                 El que la luz conoce y la resiste
                 es doble criminal. Desde que en Jafa
                 mis cadenas rompió, ni un solo instante,
                 hasta que vi de nuevo estas murallas
                 dejé de persuadirle; mas en vano.
                 Inflexible y tenaz, imaginaba
                 que el abrazar nuestros sagrados dogmas
                 y de su amante hermano y de su patria
                 declararse traidor era lo mismo.

Es verdad que dejaros me juraba
entera libertad en nuestro culto,
y que en secreto de la Iglesia santa
humilde abrazaría los preceptos.
Pero esto ¿era bastante?... ¿En una vana
promesa solamente confiado,
debiera yo de la ciudad sagrada
colocarle en el trono y exponerla
a escándalos sin fin?... ¡Infortunada!
Si es tan difícil la pureza augusta
de la divina fe, guardar intacta
en medio de santísimos ejemplos,
¿qué será entre los riesgos que asombraran
a las mismas angélicas virtudes?...
¡Qué horror!... hija, ¡qué horror! Si vos...

Matilde   ¡Ah!... basta;
por piedad, no sigáis...: Os aseguro
que yo misma, yo misma pronunciara
la decisión que vos...

Guillelmo   ¡Oh Dios eterno!
Si tal virtud y altísima constancia
tienen asilo en su virgíneo pecho,
no tengo qué añadir... ¡Oh joven santa,
encanto de la Tierra y de los cielos!

Matilde   ¿Qué pronuncias? Yo tiemblo... ¡Qué palabras!
¡Ah!... soy muy criminal... ¡Ay!...

Guillelmo   ¡Hija mía!,
¿qué nueva turbación, ¡cielos!, embarga
vuestro pecho?...

Matilde	¡Señor! Guillelmo ¡ay triste!

Guillelmo	¿Qué preveo?... ¡Gran Dios!... ¡Matilde!...

Matilde	Nada, nada puedo deciros; no, Ricardo...

Guillelmo	Qué dudas, ¡ah!, mi corazón desgarran.

Escena V

(Matilde, Guillelmo, Ricardo y Lusiñán.)

Ricardo	Borrascoso y terrible fue este día para tu corazón, ¡oh tierna hermana! Pero a favor de tu virtud sublime, ¿de qué horrendos desastres no triunfaras?

Matilde	¡Ay Ricardo!...

Ricardo	Las sólidas razones, y el Cielo, y la piedad, que tanto ensalzan al ínclito arzobispo, ya a tu pecho habrán tornado la apacible calma. Y dispuesta, sin duda, hora te miro tu esfuerzo a completar.

Matilde	¡Dios!... ¿De qué tratas?

Ricardo	Escuchadme tranquila. Los desastres de la guerra feroz, desde mañana, van a tornar a estremecer la tierra. Saladino, furioso, ardiendo en rabia, va a embestirme con alto poderío.

Adhel, su altivo hermano, con el ansia,
tal vez de conquistarte a viva fuerza
con el auxilio de sus fuertes armas,
le prestará su aterrador alfanje,
y es preciso quitarle esa esperanza.
Los valientes guerreros de la Europa,
por premio de sus ínclitas hazañas
en el dosel de Palestina quieren
ver alguna princesa de su patria,
y tú debes de ser.

Matilde   ¿Cómo? ¡Ricardo!

Ricardo   Uniéndote himeneo sin tardanza
                 al grande Lusiñán, mi tierno amigo.

Matilde   ¡Cielos!

Ricardo   Con este enlace, entusiasmadas
                 las católicas huestes numerosas,
                 volarán a la lid, y nuestras armas
                 con nuevo aliento y ardoroso brío:
                 arrollarán doquier las musulmanas
                 haces, y tremolar nuestros pendones
                 veremos en Sión.

Lusiñán   Yo, con mi lanza,
                 sabré, señora, recobrar el trono
                 para ofrecerlo a vuestra bella planta.

Ricardo   Sí, Matilde; no dudo que al momento
                 mi determinación veré aprobada
                 por ti, y al punto...

Matilde	No; jamás, Ricardo, ¿Qué pretendes de mí?... ¿Qué?
Ricardo	Lo que aguarda el ejército entero.
Lusiñán	Lo que anhela mi amante pecho.
Ricardo	Y lo que exige y manda tu rey. tu hermano, yo.
Matilde	¡Qué tiranía! ¡Cielos!... Antes la muerte.
Ricardo	Ya me cansan tus tenaces repulsas. Desde el punto que tornaste, Matilde, a estas murallas, libre del cautiverio, los cristianos se han ocupado más de tus extrañas aventuras y amores delincuentes que en el intento, y en la empresa santa por que dejaron con esfuerzo heroico sus esposas, sus hijos y sus patrias. ¿Y juzgas, di, que la mitad de Europa haya venido al corazón de Arabia tan solo a presenciar, en ocio inerte, debilidades que tu nombre inflaman? Concluya todo ya. Nobles empresas llenen las huestes que la Cruz esmalta. Obedece su voto. Las antorchas del himeneo alumbrarán mañana tu unión con Lusiñán, que luego al punto conmigo ha de tornar a las batallas,

donde su aliento y esforzado brío
del persa infiel abatirá la saña,
triunfando de Malek. Y la victoria
hará patente con ardiente llama
que es más digno de ti que el orgulloso
árabe infiel a Dios. Sí; ya tomada
ves mi resolución. Tu dicha anhelo,
pero más el honor de nuestra causa.
No haya más replicar. Solo te cumple
obedecer. Prepárate: mañana
a Lusiñán por siempre has de enlazarte
del Dios omnipotente ante las aras.

Matilde   ¡Oh Dios! ¡Qué horror!... Jamás. jamás. Su vista
de terrible pavor mi pecho embarga...
¿Dónde me esconderé de los tiranos?...
A esta infeliz, eterno Dios, ampara.

Escena VI

(Guillelmo, Ricardo y Lusiñán.)

Ricardo   ¿Lo veis, señor?... ¿Lo veis?

Guillelmo   A pesar mío.

Lusiñán   ¿Por qué la dulce persuasión que manan
vuestros sublimes y celosos labios
no usáis en mi favor? Vuestras instancias...

Guillelmo   Jamás permita Dios que mi elocuencia
a la opresión y a la injusticia valga.

Ricardo   ¡Opresión!... injusticia!...

Guillelmo	¿Y no lo advierte
	vuestro gran corazón, rey de Britania?
	¿No es injusticia el aumentar las penas
	que hoy a Matilde sin piedad contrastan?
	¿No es injusticia atormentar su seno
	con la reconvención dura y amarga?
	¿No es crueldad el desoír su llanto
	y abusar de su suerte y sus desgracias?
	¿Y no será opresión el compelerla
	a un lazo que detesta? ¿Y el forzarla
	a que al momento calle y se resigne?...
	¿Cómo así, excelso rey? Vos la esperanza
	queréis quitar a Adhel. Y ¿qué se logra?
	Y si con ella, por ventura, abraza
	la augusta religión que profesamos,
	¿no fuera un nuevo triunfo, una ventaja?
Lusiñán	Señor, que ese perverso sus errores
	abjure o no, ¿qué importa a nuestra causa?
	Ni su alfanje me aterra ni su nombre.
	Cima daremos a la empresa santa,
	a su pesar, que Lusiñán respira
	y empuña la tajante cimitarra.
Guillelmo	A la verdad, señor, que la experiencia
	pudiera deshacer vuestra esperanza.
	Recordad que de Adhel el fuerte brazo
	el trono hundió que vuestros pies hollaban,
	y la memoria, ¡oh rey!, del infortunio
	os quitará, tal vez, la confianza,
	que solamente colocarse debe
	en el supremo Dios de las batallas.
	Mas, lejos de implorar su santo auxilio,

le ofendéis, le ofendéis con la arrogancia
y con querer, injusto, que Ricardo
por vos, oprima su inocente hermana.

Ricardo

Señor, os excedéis de las funciones
de vuestro sacro ministerio; basta.

Lusiñán

Y ¿quién os constituye, por ventura,
juez de los reyes?... Vuestra lengua osada...

Guillelmo

Defender la inocencia es deber mío
de quien pretenda sin reparo hollarla.
Si en público jamás falto al respeto
que es debido tener a los monarcas
y a los que jefes son de las naciones,
debo en secreto reprender sus faltas
y hablarles como a hombres acosados
de errores y pasiones, por desgracia.
Rey de Albión, si, deslumbrado y ciego,
oprimís a Matilde, vuestra hermana,
holláis la religión y la justicia,
y el Dios eterno les dará venganza.
Y vos, ¡oh Lusiñán!, tened por cierto
que si exigís con arrogante audacia
que Ricardo os mantenga la promesa,
que nunca debió hacer, os amenazan
el odio eterno y el airado brazo
del que en los tronos y en los reyes manda.

Escena VII

(Ricardo y Lusiñán.)

Lusiñán

¿Qué me importa su orgullo y osadía

                         si vos sabéis cumplir vuestras palabras?

Ricardo   Y que inmutables son. Os juro, amigo,
                         que Matilde es ya vuestra. Sí; mañana,
                         a la primera luz, su amor eterno
                         os ha de consagrar ante las aras,
                         aunque el mundo se oponga.

Lusiñán   Amigo amado,
                         en gratitud mi corazón se abrasa.

Ricardo   Vuestra será. Y al punto, revistiendo
                         el fiero casco y la acerada malla,
                         volemos a la lid. Rindan sus torres
                         a nuestra vista Cesarea y Jafa;
                         y sembrando la muerte y el asombro,
                         cual rayo aterrador, nuestras espadas
                         por siempre ahuyenten a los fieros persas
                         de Palestina y de las dos Arabias,
                         y tremolar las cruces por el viento
                         mire Jerusalén en sus murallas.

Acto V

(El teatro representa una magnífica capilla sepulcral. adornada de despojos militares y alumbrada con una lámpara, y en medio del foro debe levantarse un magnífico sepulcro lleno de trofeos.)

Escena I

(Malek-Adhel, solo.)

Malek-Adhel   ¡Oh cuánto tarda!... Mi confuso pecho,
                         de horribles sobresaltos combatido,
                         no sabe qué esperar... ¡Cielos!... ¡Matilde!

¡Matilde! ¿Dónde estás? ¡Cruel destino!
¿En la mansión tranquila de la muerte
la intenta recobrar el amor mío?
¡Qué afán!... La paz habita en los sepulcros;
el silencio, el pavor tienen su asilo
en estas altas bóvedas oscuras,
do lúgubres resuenan mis suspiros.
El silencio, la paz, que yo, infelice,
me atrevo a perturbar en mi delirio.
En esta tumba, en sempiterno sueño,
del gran Montmorency los restos fríos
yacen por siempre... Por Matilde el cuello
dio denodado al espantoso filo.
Felice, ya estás libre del combate
de las pasiones en que yo me abismo.
¿Cuándo te seguiré? ¡Qué hielo horrible,
lento, discurre por los miembros míos!
¡Matilde!... ¡Oh tú, Matilde!... No. no viene.
Mi pecho, ¡oh dudas!... ¡Bárbaro martirio!
No; su pecho es mansión de las virtudes,
de la verdad su labio. Mas ¿qué digo?
Juró no abandonarme... ¡Justo Cielo!
Su religión, en este día mismo,
de mí la aparta... me la roba, y ella
me dejará morir en hondo olvido.
Su religión... ¡qué augusta se presenta,
cuán sacrosanta ante los ojos míos!
En ella, ¡qué dichoso yo sería!
¡Con ella!... No, jamás... ¡Oh Saladino,
oh patria, no! ¡Qué mar tan borrascoso
en mi apenado corazón abrigo!

Escena II

(Malek-Adhel y Matilde.)

Matilde   ¡Qué horror!... ¡Cielos! ¿Dó estoy? ¿Por qué mi planta
a este lugar terrible me ha traído?... ¡Qué silencio!

Malek-Adhel   ¡Matilde!

Matilde   ¡Oh Dios!

Malek-Adhel   ¡Matilde!
¿Te torno a ver? Dichoso es mi destino.
Me vuelves a la vida; a ti tan solo
debo el dulce consuelo que respiro.

Matilde   ¡Adhel, Adhel! ¡Qué espanto!¿Con qué objeto
me convocáis, osado, en este sitio?
¿Qué pretendéis de mí?... ¡Dios! ¿Más desastres
reservados están? ¿Será preciso
resistir más combates?... Habla pronto...
Hazme al punto patente tus designios,
concluya de una vez tanto infortunio.
acaba... acaba, pues... ¡Cruel prestigio!
Concluyamos, Adhel.

Malek-Adhel   ¡Ah! ¿Por qué tiemblas?
Jamás tu pecho tan turbado he visto.
¿Qué te agita, Matilde?... El sobresalto,
el terror y la muerte están escritos
en tu marchita faz.

Matilde   ¡Ah! ¿Me preguntas
qué agita, qué confunde el pecho mío?...
¿Dónde? En este lugar, que profanando

nuestras plantas están, a do he venido,
a pesar de mi hermano, de mi fama
y de mi Dios también... Yo me horrorizo.
La cristiandad entera ha separado
mi triste corazón del tuyo hoy mismo,
y ensangrentado, y devorado, y muerto,
cual en mi pecho mísero le abrigo,
me manda que le entregue sin demora
al hombre que aborrecen mis sentidos...
Unirme a Lusiñán en el instante
Ricardo quiere...

Malek-Adhel   No será, que aún vivo.
¡Horrible tiranía, que enfurece
mi corazón!

Matilde   El implorar tu auxilio
es el único medio que me resta
para librarme de ella. ¡Medio inicuo
y vergonzoso, con que mi alto nombre
en oprobioso deshonor mancillo!
Aún falta más a mi inquietud. ¡oh cielos!
En este suelo de pavor te miro,
donde la muerte en torno te circunda,
do tu frente amenazan mil peligros.
Si te descubren... ¡ay!, un sanguinario
rival atroz, un pérfido enemigo
gozará la ocasión de la venganza...
Y yo a tu lado estoy... ¡negro delito!,
junto a ti, de mi patria y de mi hermano
y de mi religión contrario impío...
¿Y no se abre la tierra y me confunde?
Sí; por mi voluntad aquí he venido,
y por debilidad quedo a tu lado,

y desoigo, culpable, el santo grito
de mi conciencia, que me acusa; y nada
me arredra, y, delincuente, aquí persisto,
sin fruto, destrozando mi alma toda
con mil remordimientos y martirios.
He aquí mi situación. ¿Y me preguntas
qué me agita? ¿Y aún quieres que tranquilo
mi espíritu te escuche?

Malek-Adhel   No, Matilde;
ya ni tranquilidad ni calma exijo
de tu apenado pecho; solo quiero
resolución. El tiempo, fugitivo,
huye y no torna; aprovechar es fuerza
los instantes: ya todo prevenido,
todo, lo está por mí. Llegó el momento;
huyamos para siempre de este sitio.
Mañana te verás libre y segura
en la Corte del bravo Saladino.

Matilde   ¿Qué osaste pronunciar? ¿Qué? ¡Temerario!

Malek-Adhel   No te ofusques... Escucha te suplico.
Para hollar con veloz y osada planta
todo temor, para animar tu brío
y decidirte, al fin, a mis propuestas,
no quiero recordarte tu destino;
no que obligada te verás mañana,
mañana de la aurora al primer brillo.
a un himeneo horrible que detestas:
no mi horrendo despecho, el hondo abismo
de tormentos do vas a despeñarme
con ese enlace atroz. El labio mío
solo ha de recordarte el juramento

que pronunciaste, de que al Cielo mismo
garante hiciste, el rayo provocando
si faltabas a él y su castigo.
¡Oh Matilde! Recuerda tus palabras:
de todo me ofreciste el sacrificio,
tu inocencia y tu fe salvando solo;
que cumplas hora tu palabra exijo.
Guarda, Matilde, tu inocencia intacta.
guarda pura tu fe; pero al abrigo
ponte de esos tiranos inflexibles,
que quieren inmolarte a su capricho.
Sígueme, pues, y nada te detenga;
ven a buscar defensa, amparo, abrigo,
de mi hermano en el seno cariñoso.
que ya te espera plácido y benigno.
En su Corte estarás más respetada
que en la que riega el Támesis umbrío
Tú sola vivirás en un palacio
do la pompa oriental muestra su brillo.
Allí nadie osará, ni aun con la vista,
tu mansión penetrar; nadie, y yo mismo
jamás en él imprimiré la planta
sin obtener primero tu permiso.
El Asia, el ancho mundo, el orbe todo
de tu pureza angélica testigos
y de mi sumisión y hondo respeto
serán, y yo mis ruegos y suspiros
sabré enfrenar y contener valiente
de mi amoroso afán el fuego vivo.
Sí, Matilde, Matilde; libre y pura
vivirás y tranquila en tu retiro,
fiel a tu Dios, cercada de cristianos
ejercitando tus sagrados ritos.
Y si, afable, te dignas de admitirme

a ejercerlos también allí contigo,
tal vez de tus augustas ceremonias
y de tu alta virtud al fin vencido,
mi corazón humilde dará entrada
a tu fe y a tu Dios.

Matilde   Cesa, ¡oh martirio!
Si tú a reconocerlos accedieras,
si abrazarlos hubieras consentido,
no regara mis pálidas mejillas
el llanto acerbo de los ojos míos.
¡Oh, cuán felices fuéramos!... Ahora
lejos de avergonzarme de mi inicuo
y criminal amor, de él me jactara.
Y a tu lado, Malek empedernido,
en lugar de espantarme las miradas
de Ricardo, de todo el cristianismo
y del Dios vengador, yo los pusiera
de mi dicha y la tuya por testigos.

Malek-Adhel   Basta, Matilde; basta. Tus palabras
son de mi pecho bárbaro suplicio
¡Ah!... No lo ignoras... no. Mi tierno hermano,
el heroico, el valiente Saladino,
aborrece tu culto. Inexorable,
ha jurado por siempre confundirlo.
Igual es ser cristiano, ante sus ojos,
que declararse su hórrido enemigo...
¿Y debiera yo serlo? A ser cristiano,
lo hubiera entre los hombres sostenido,
que al seguir a tu Dios, el defenderlo
fuera la obligación del brazo mío.
¿Y contra quién, Matilde? En la terrible,
en la guerra que atroz hubiera ardido.

¿Qué me restaba, di?... ¿Qué, por ventura,
en inerte baldón, en ocio indigno,
entre los dos ejércitos quedara,
viendo en uno mi esposa y mi Dios mismo;
en el otro, mi hermano y dulce patria?
¿Mil votos, por lo menos, que partido
tuvieran?... Decidid, nombrad, Matilde.
un juramento nuevo, uno inaudito
(si es que tanto alcanzáis), que no aparezca
sacrílego y terrible, y me decido
a pronunciarlo. Pero basta; advierto
en tu semblante pálido y marchito
la impresión del horror... Sí, te estremeces
y la razón me das... Harto te he dicho.
Sígueme, pues; tu decisión, sin duda,
obligará de nuevo a los obispos
a abrazar la opinión, que ya abrazaron,
y que Guillelmo contrarió. Rendidos
los guerreros cristianos de esta guerra
al peso atroz, verán con regocijo
esta ocasión, que espero proporcione
de amable paz el consolante alivio.
Sí; de la humana sangre los torrentes
que a inundar van en espumoso río
este suelo infeliz, tú sola puedes
contener, accediendo a mis designios.
Tú, de Jerusalén el alto trono
ocuparás; en ella su dominio
los cristianos tendrán... y acaso, acaso,
todos, y aun el austero Saladino,
de tu virtud, de tu sublime ejemplo
y también de los cielos el auxilio,
cederán, y a tu Dios y a tu creencia,
al fin, tal vez se humillarán rendidos.

Pero si, ingrata y dura, te resistes
mis huellas a seguir, aquí, ahora mismo.
a mi amor, a mi vida, a mi esperanza
dará horroroso fin este cuchillo.

(Saca un puñal en ademán de herirse.)

Matilde   ¡Tente, tente!... no más... ¡Oh Dios eterno!
                   Tú me mandas seguirle. Mas ¿qué digo?

Malek-Adhel   No perdamos el tiempo. Sí, Matilde;
                   sígueme, ven.

Matilde   Espera. No resisto...
                   mas escúchame, Adhel.

Malek-Adhel   ¿Qué?

Matilde   No a la Corte
                   de tu glorioso hermano
                   Saladino me vas a conducir.

Malek-Adhel   ¿Dónde?

Matilde   A la cumbre
                   de famoso Carmelo; entre sus riscos
                   sabes se encuentra un santo monasterio.
                   Quede yo en él oculta, sea el abrigo
                   que de Ricardo y Lusiñán me esconda.
                   Así mi juramento ves cumplido.

Malek-Adhel   ¿Y qué, Matilde?

Matilde   ¡Oh Dios!

Malek-Adhel	¿Qué te estremece?
Matilde	¿No adviertes... qué rumor? ¡Cielos! ¡Perdidos somos... noble Adhel!
Malek-Adhel	No... Nada temas.
Matilde	¡Que aquí llegan, Adhel!
Malek-Adhel	¡Cruel destino!
Matilde	Ocúltate al momento. Sí, esta tumba te esconda a los feroces que a este sitio mueven la planta audaz.
Malek-Adhel	Qué, ¿Yo ocultarme como pudiera un vil?... No...
Matilde	Mi peligro muévate, ¡oh noble Adhel! Si aquí me encuentran sola, no importa; saben que contino vengo a esta tumba a dirigir mis votos al Soberano Dios. Mas si contigo me sorprenden, ¡qué horror, muerta mi fama, y burlados serán nuestros designios. Ven, escóndete, pues... Sí... ya penetran.
Malek-Adhel	Te obedezco, Matilde, a pesar mío.

(Se esconde detrás del sepulcro.)

Escena III

(Malek-Adhel. (Oculto), Matilde, Lusiñán y dos escuderos suyos.)

Lusiñán (A los escuderos, al tiempo de entrar en la escena.)
        Ya sabéis mi intención... Pero ¡Matilde!
        ¿Cómo en este lugar?

Matilde
        ¿Por qué, atrevido,
        con bélico aparato y armas fieras
        profanáis este lúgubre recinto
        y alteráis mi quietud cuando a los cielos
        mis plegarias y súplicas dirijo?

Lusiñán
        En vuestra busca vengo. El gran Ricardo,
        yo y el prelado de la excelsa Tiro
        a un tiempo vuestra ausencia del palacio
        con justo sobresalto conocimos.
        La extraña hora de crueles dudas
        nuestros pechos llenó. Despavoridos,
        a buscaros atónitos marchamos,
        y yo, en alas de amor, las pasos míos
        dirijo a este lugar, donde os encuentro
        de mis fieras sospechas combatido.
        ¡Ah Matilde, Matilde! En vuestra frente
        tal turbación y confusión distingo,
        que me llenan de horror...

Matilde
        Bien... Al momento
        volved, ¡oh Lusiñán!, pues ya habéis visto
        el lugar donde estoy... El sobresalto
        a Ricardo aquietad y al arzobispo,
        y sepa que tranquila aquí me encuentro,
        donde no me amenaza algún peligro.

Lusiñán
        ¿Dejaros yo, Matilde?... No; alejaos

	de este sepulcro lóbrego y sombrío a vuestro alcázar, a los dulces brazos de vuestro hermano retornad conmigo.
Matilde	En vano lo exigís... Marchad os ruego; os seguiré bien pronto.
Lusiñán	Ora es preciso. Vamos, vamos al punto, que a mi mente llena de horror un bárbaro prestigio, y... venid, sí; venid.

(En ademán de asirla.)

Matilde	Y ¿cómo, osado?...
Lusiñán	No vale el resistir. Es deber mío arrancaros al punto de este suelo pavoroso y terrible. El fuego vivo en que por vos mi corazón se abrasa, doquier encuentra horrendos precipicios. Recordad que mañana el himeneo en lazo indisoluble debe unirnos. Y hasta que llegue tan feliz momento no perderos de vista solo exijo. Seguidme.

Malek-Adhel (Saliendo con denuedo de detrás del sepulcro.)
No será.

Matilde	¡Desventurado!
Lusiñán	¿Tú aquí?... ¡Oh furor!

Matilde	¡Ay Dios benigno!
Malek-Adhel	Qué, ¿te turbas? ¿Qué esperas? Vibra al punto el vengador acero. El brazo mío a Matilde defiende, y el quererla sacar de este lugar es un delirio. ¿Qué aguardas, Lusiñán? ¿Qué? Si conoces la ley del caballero, si eres digno del cetro de Sión y de la mano de esta ilustre beldad, aquí, ahora mismo, lo puedes demostrar. Llegó el momento, Yo soy Malek-Adhel, yo tu enemigo más implacable, más feroz, que anhela beber tu sangre vil. Vamos.
Lusiñán	Impío. Escuderos, mirad cómo profanan sus sacrílegas plantas este sitio, do la virtud reposa. Seduciendo aleve estaba el corazón sencillo de esta incauta princesa... ¡Horrible insulto! ¡Muera, muera!
Matilde	Tened, viles ministros de su furor.
Malek-Adhel	Cobarde, ¿tú no bastas?
Lusiñán	

(Desnuda la espada y se arroja sobre Malek, mientras los escuderos le rodean, le sujetan y le atraviesan sus dagas.)

Venguemos los ultrajes de Dios mismo.

¡Muera el infiel!, y con su sangre impura
al Cielo hagamos grato sacrificio.

Malek-Adhel (Cayendo herido.)
                Traidores... ¡Ay de mí!

Matilde (Corriendo a sostener a Adhel.)
                ¡Bárbaros!

Malek-Adhel   ¡Cielos!

Lusiñán   Húndete para siempre en el abismo.

Matilde   ¡Oh verdugos!... ¡Qué horror! ¡Monstruo inhumano!
                      ¡Amado Adhel! ¡Adhel!... ¡Dios compasivo!
                      ¡Tiembla, tiembla, perverso!... De esa tumba
                      álzate, sombra, y venga de tu amigo
                      el vil asesinato.

Malek-Adhel   ¡Oh Dios!... Matilde,
                      huye de ese cobarde, de ese inicuo;
                      maldícele conmigo, y sosegado
                      bajo a las sombras del sepulcro frío.

(Expira.)

Matilde   ¡Ya expiró!... ¡Eterno Dios, dadle venganza!

Escena última

(Malek-Adhel (muerto), Matilde, Lusiñán, sus dos escuderos, Ricardo, Guillelmo, Hugo, príncipescruzados, damas de Matilde, guardias y pajes con luces.)

(Lusiñán con sus escuderos, queda a un lado de la escena en la mayor confusión.)

Guillelmo   Aquí están, aquí están. Mas, ¡Dios!, ¿qué miro?

Ricardo   Lusiñán, ¿y Matilde?

Hugo   ¡Cielo santo!

Matilde   Ved a Malek, miradle. Sí; ese inicuo
                    y sus viles satélites horrendos
                    el negro asesinato han cometido.

Príncipes cruzados   ¿Qué dice?

Ricardo   ¡Lusiñán!

Matilde   Él es el monstruo,
                    el aleve, el traidor, el asesino.

Guillelmo   ¡Eterno Dios! En su sombría frente
                    la turbación de la maldad diviso.
                    Ved su temblor... No hay duda. En su semblante
                    está patente el bárbaro delito.
                    ¿Y aun osará aspirar al santo cetro
                    su mano ensangrentada? ¡Me horrorizo!

Ricardo   ¡Oh terrible atentado!... Me avergüenzo
                    de haberos abrazado como amigo.
                    Yo os abandono, sí; yo os abandono,
                    huyo de vos, ¡oh monstruo envilecido!,
                    con mis valientes, que su honor mancharan
                    en auxiliar a un pérfido asesino.
                    Vamos, Matilde, al punto.

82

Matilde	No abandono los restos de Malek. Ya tengo asilo de Carmelo en la cumbre peñascosa, del claustro silencioso en el retiro.
Guillelmo	Inescrutables son vuestros decretos, ¡oh justo Dios! El mísero, el mezquino mortal, tan solo debe respetarlos humilde, resignarse y bendecirlos. Fin

Libros a la carta

A la carta es un servicio especializado para
empresas,
librerías,
bibliotecas,
editoriales
y centros de enseñanza;
y permite confeccionar libros que, por su formato y concepción, sirven a los propósitos más específicos de estas instituciones.

Las empresas nos encargan ediciones personalizadas para marketing editorial o para regalos institucionales. Y los interesados solicitan, a título personal, ediciones antiguas, o no disponibles en el mercado; y las acompañan con notas y comentarios críticos.

Las ediciones tienen como apoyo un libro de estilo con todo tipo de referencias sobre los criterios de tratamiento tipográfico aplicados a nuestros libros que puede ser consultado en Linkgua-ediciones.com.

Linkgua edita por encargo diferentes versiones de una misma obra con distintos tratamientos ortotipográficos (actualizaciones de carácter divulgativo de un clásico, o versiones estrictamente fieles a la edición original de referencia).

Este servicio de ediciones a la carta le permitirá, si usted se dedica a la enseñanza, tener una forma de hacer pública su interpretación de un texto y, sobre una versión digitalizada «base», usted podrá introducir interpretaciones del texto fuente. Es un tópico que los profesores denuncien en clase los desmanes de una edición, o vayan comentando errores de interpretación de un texto y esta es una solución útil a esa necesidad del mundo académico.

Asimismo publicamos de manera sistemática, en un mismo catálogo, tesis doctorales y actas de congresos académicos, que son distribuidas a través de nuestra Web.

El servicio de «libros a la carta» funciona de dos formas.

1. Tenemos un fondo de libros digitalizados que usted puede personalizar en tiradas de al menos cinco ejemplares. Estas personalizaciones pueden ser de todo tipo: añadir notas de clase para uso de un grupo de estudiantes, introducir logos corporativos para uso con fines de marketing empresarial, etc. etc.

2. Buscamos libros descatalogados de otras editoriales y los reeditamos en tiradas cortas a petición de un cliente.